JN409275

다시올시선 _ 008

詩

계절의 초상

호한 정지용 시집

다시올시선 _ 008

詩

계절의 초상

오한 정지용 시집

다시올

표제表題

투명한 것과
맑은 것

투명하다고 다 맑은 것은 아니다.
맑다고 다 투명한 것도 아니다.

그러나
맑고 투명한 것을 바라고 또 바란다.

바란다고 다 이루는 것이 아니다.
이루어진 것이 다 바란 것도 아니다.

그러나 바라는 것이 이룬 것이기를
이룬 것이 바라던 것이기를

네 앞에서도 내 앞에서도
내 뒤에서도 네 뒤에서도
그냥 그랬으면 싶다.

▪차례

계절의 초상

▪ 표제

봄

기억 _ 12
봄, 바람 부는 날에 _ 13
낯선 통신 _ 14
물골 안 _ 16
4월 유감有感 _ 18
비 내리는 달력 _ 19
49제 _ 20
산다는 건 _ 21
5월을 기리며 _ 22
산정山頂에서 _ 23
5월에 _ 24
자야에게 Ⅰ _ 25
자야에게 Ⅱ _ 26
의미 없는 날 _ 28
윤사월閏四月 _ 30
중춘한仲春閑 Ⅰ _ 31
중춘한仲春閑 Ⅱ _ 32
텃밭을 갈며 _ 33
종생기從生記 _ 34
조춘早春 _ 36

여름

기다림 _ 38

백일제白日祭 _ 39

누더기 _ 40

선거일選擧日 _ 42

세태世態 '98 _ 44

수재 유감水災 有感 _ 45

시작 연습詩作 演習 _ 46

아내에게 _ 47

어떤 일상日常 _ 48

장마 _ 50

장마를 지나며 _ 51

해 긴 날 _ 52

헷갈림 _ 54

홍현백우紅峴百友 _ 56

연우煙雨 _ 58

입영일야入營一夜 _ 59

▪차례

계절의 초상

가을

가을 가락 _ 62

가을 산 _ 64

가을을 위하여 _ 65

가을, 같은 날 _ 66

건강 검진 _ 67

다시 또 그 날이면 _ 68

비 오는 편지 _ 70

비껴가는 날 _ 72

아우에게 _ 74

낙하落下 _ 75

일주기逸走記 _ 76

초상肖像 Ⅰ _ 78

초상肖像 Ⅱ _ 80

흐르는 별 _ 81

풍경風景 _ 82

말들을 위하여 _ 84

겨울

곁가지를 치며 _ 86
고개를 넘으며, 벗이여 _ 88
꽃샘 추위 _ 90
시작유감詩作有感 _ 91
넥타이를 매고 _ 92
불알 _ 94
사랑의 이름으로 _ 96
사랑하는 이에게 _ 98
서해바다 _ 100
어느 날, 어느 카페 _ 102
이 땅의 사람들아 _ 104
입춘立春 '02 _ 107
입춘立春 '10 _ 108
자야에게 Ⅲ _ 110
환절기 _ 111
풀씨 이야기 _ 112
아버지를 여의고 _ 114

■ 발문(跋文)

류양선_ 정지용 시집 『계절의 초상肖像』에 부쳐 _ 116

■ 작품해설

최시한_ 그리움과 견딤 _ 119

■ 후기

봄

기억

가슴에 남은 것이 자꾸 소리해서
그리합니다.

그런 시늉이 또 한 번 애잔해서
그리합니다.

살아가는 한 모퉁이 어느 세월에
문득문득 마주칠 일이 노래도 되고
기리는 당신, 뒷모습일 수도
있겠지요.

그냥
그리해서
그리합니다.

언젠가는 우리 떠나가는 자리에도
요마만큼 흔적이
남을까요
그걸 바라 하는 것도 아니지요마는

어찌 못 할 안타까움이
꽃망울처럼 달립니다.

바람에 실려 맴을 돕니다.

봄, 바람 부는 날에

바람 소리에 묻어 울음하려니
너 지금 이 바람 속에 긴 머리채
온 하늘에 소리 하려니

봄이 오락가락 세월은 북망을 달리는데
기막힌 가슴을 터뜨리어 온 산야에 흩날리려니

선홍의 진달래 떨고 있고나
몽우리 진 목련도 숨는구나

시샘하는 바람 소리
네가 숨어 우는구나.

낯선 통신

너의 이름이 불리어 지지 않는 하늘이
이역異域 땅 떠있는 풍경을 대하 듯
그렇게 이물스러운 것인 줄 몰랐다.

낯선 바람이 불고
내 소년과 여윈 청년의 어느메쯤
불이
붙는다.

불 붙여 가는 바람과
행군하는 우수

기억 저편으로 각인刻印하는
안타까움과
미련

세월의 강을 끼고 돌아
산야를 가르고
흐르고 흘러도

결국 도달하는 것은

암암暗暗한 해연海淵으로 부동浮動하는
꿈같은 교신交信

잿더미라도 안고 소리하는
순백純白의 바다.

물골 안

기울어 가는 오후

부비고 살기엔 너무 아팠다.

이런 산골
사람은 물길 위에 사는 게 아니라
흙을 밟고 살기에

물이 많은 만큼
돌로 부벼 대는 사연이
거친 밭을 일구며
골짜기만큼이나 깊었으리라.

'사람 사는 게
욕심으로 살라면 살아지나…'
사변 통에 고향을 등지고 식솔을 거느려
일가를 이룬 왕씨 아저씨.
구순을 넘는 나이에 치매기를 안고 살아도
사람 좋은 얼굴은 어쩌지를 못하는데
일구는 밭뙈기마다 돌탑이 쌓이고
여전히 크기를 더해가는 요즘도
세월을 담은 타령 한 가락이
구성지다.

'갈 거去자 두려 말고, 눈물 루淚자나 우지 마라
어와 둥둥 내 사랑아……'

물골 한 자락이
햇살을 안고 저물어 간다.

4월 유감有感

되돌아오는 꽃그늘
꽃잎처럼 피고, 날리는 순리가
어디 어제 오늘이던가요
그러나 저희에게도 그런 때가 있었던가요

까마득히 계절이 지나고 꿈꾸던 사람 하나
꽃이파리 하나
시절의 바람을 타고
올라 먼 하늘로 갑니다.

무엇을 위한 젊음이었던가는
묻지도 마셔요

되돌아오는 꽃그늘 누비며
추억처럼 젊음은 날려 흐르고

그 가녀린 잎새 밟히듯

4월이 갑니다.

비 내리는 달력

어디 뉘 있어 이런 세월을 잊으려 하려니.
시절이 한창인데 어느 산야山野에, 어느 바다에 그런
그림이라도 그리겠나. 그러나 사람아,
보이는 것만이 세상이 아니다. 우리 지녀가는 시간이
한 세상 이어지는 길뿐만이 아닌 것을 어찌할게냐
어디 그런 기미라도 있어 그리하겠나. 그러나 사람아,
그저 정분이 넘쳐 내 사랑한 세상에 이리도 진저리치며
홀로일 수 있는 행운이 누구에겐들 또 없겠느냐.
빗줄기 나리며, 흐르며, 이 별나게 축복 받은 길이 어디로 이어진들,
너희 깨어있는 시간
무엇하러 왔나, 무얼 하고 있나.
길다고 하니 그냥 길게만 느껴지는, 인생아, 사람아,
종종 걸음 위에 뚜벅뚜벅 발길만 시늉한들
어디 그런 기막힌 시간을 달력 하려니.

하늘이 저만큼 높고 먼데
흐린 날빛으로 그저 나지막하니 가라앉아 보이는 것뿐
참 어이없는 세월 위에
가슴을 밟고 가는
아득한 빗소리뿐이구나.

49제

떠나는 날
무엇이든 함께 하지 않겠느냐

저 하늘 끝에서 넘어가는 지평까지
만발한 꽃비 나리겠다

4월이 한낮인데 떠나는 날
무엇인들 머뭇거리려 하겠느냐

한 세월 이런저런 사연이 행여
발목에 감겨 가벼운 옷자락, 버선 마디에
흔적이라도 남을 듯 아련하겠느냐

살구꽃 피고 매화꽃 이파리 저리도 휘날리는데
이 양양한 햇살
바람결에 행여
머물 무엇이라도 있겠느냐

머리끈을 풀고 기인 머리카락
꽃비처럼 날리려믄

저민 옷깃을 놓고 저 하늘 끝 너머, 저 너머 지평까지
아는 듯 모르는 듯
사뿐히 그렇게 나리려믄...

산다는 건

인연 맺기
맺었다 끊어지기
그냥 살아가기
이어가기
뭉텅뭉텅 잘라먹기

끊어진 것
맞춰가기
그럭저럭 연명하기
때때로
통째로 뒹굴기

툭툭 털고
떠나보기

다시 또 인연 맺기
맺었다 끊어지기

살아가기
이어가기
뭉텅뭉텅 잊어먹기

돌아보며
또 떠나기

5월을 기리며

5월은 내 소년의 옷자락을
펄럭이며 온다.
잎새 끝에 감도는 인고忍苦의 잔인함으로

화사한
계절.

무성하지 않아도
고만고만한 잔잔함으로
풍요를 일깨우고
우리 지나온 자리
아픔도 저쯤

야단스럽지 않아도
꿈 먹은 하늘, 황홀한 산야

5월은
애잔한 추억처럼 온다.

산정山頂에서

산에 오르면
세상이 그냥
거기에
있다.

무리지어
등성이를 넘는 바람과 구름
서슬에 쫓겨 가는 잔설殘雪이
피난길에 태어나 고향 없는 자유로움도
그냥 그 곳에
있다.

반도 땅 나지막하니 들어앉은 인정人情이
산자락을 끼고 돌아 세월歲月하며
하늘을 본다.

햇빛 바라기.

산에 오르면
그냥 저 산 구비 어드메나
점점이 뿌려지는
가슴시린
서로의
강토疆土.

5월에

따갑게 드리워진 햇발과
햇살

분주한 것은 올 한 해
불태우는 생명뿐이다.

땀 한 방울.

한낮은 졸고
바람도 따라 졸고

기분 좋게 가라앉은
5월 한 낮

떠나간 이가
그립다.

자야에게 I

푸르른 것은 푸르른 그대로
아름다움은 아름다운 그대로
사랑하는 것, 서글프고 애타는 것,
고운 것, 나이 먹는 것,
흘러가는 시간에 흔적 남기는 것 모두
만만한 시선으로 담아내고 살자꾸나.
가다보면 세월의 어드메쯤
마음 담을 사연 한 꼭지라도 이루겠고
그것이 '복이다' 하고 살아 볼 수도 있지 않겠나
그런 행운이 누구에겐들 없겠느냐
부질없는 허명에 마음 끓이며
내 저 들판으로 나앉은들
무어 그리 대단한 광영이 있어
저를 맞이하겠나

많이 울고, 더 많이 웃기
많이 아파하고, 더 많이 사랑하기
그리고 사연 쌓기.....

지난 세월 후회 않기.
남은 세월 후회 없이 보내기.

자야에게 Ⅱ

네가 자리한 그곳에도
계절을 알리는 빗소리
촉촉하겠다.

바람도
세월의 기미를
전하며 있겠다.

그렇게 훌쩍 한번 몸짓이면
세상은 머나먼 피안彼岸인데

어찌하면
가슴을
묻을 수 있겠느냐

이런저런 사연을
물 흐르듯 할 수
있겠느냐

풀잎에
묻어 날리겠다.

꽃망울로
담아 가겠다.

의미 없는 날

– 오월 어느 날, 그 하루 무덥던 날,
떨어져 누운 꽃잎마저 시들어 버리고는...
(영랑의 시, '모란이 피기까지는' 에서)

이런 낯선 얼굴이 언제부터 시작이던가,
스멀스멀 다가와 이젠 낯익을 때도 됐으니 동무하자 하는데
그 빛나던 시간과 연민과 안타까움을 잘도 넘어
내 영혼의 어디쯤 담장을 헐었나 보다.

그저 거리를 걷거나 멍하니 흥미를 긁어대는 드라마나 보거나
오로지 건강을 외치며 산을 넘고 강을 달리거나
어디든 경제를 위하여 종일을 자본주의 하거나
게임을 하듯 정치판에 바둑돌을 옮기거나

그래 그것뿐이다.

너 어디에 있었더냐
의미 없는 날들아

결국은 그럴 것이란 걸
너도 알고 나도 안다.

찬란한 젊음의 날이 다하고 그 현란함의 기억 뒤에
여생을 헤아리며 우리가 무엇을 친구할는지
종교처럼 다가설 그날들을 위해

한바탕 굿판에 신명을 올리고
뜻을 두는 시간에 조금은 담장을 서성대는 미련

그래 그럴 거란 걸
너도 알고 나도 안다.

오늘 또 의미 없는 날.

정말 모란은 뚝뚝 떨어져 버리더구나.

윤사월閏四月

소리는 의식의 강을 넘어
먼 마을 노을이 탄다.

꽃잎 날리는 윤사월 바람
강 건너 아련히 한 사람 간다.

눈에
밟힐 듯
손에
잡힐 듯

고운 휘장에

그림자만 잔잔한
노래가 되어

가슴 속에 여울지는 물결이 간다.
먼 바다 노을로 간다.

중춘한仲春閑 I

왠지 눈물이 날 것 같다.
여린 햇살, 오락가락 하는 것은
드리운 하늘 그림자만이 아니다.

밤새 내린 잔설이 처마 끝에서
구멍 난 마음으로 낙수가 되어 떨어진다.

또 눈물이 날 것 같다.

한 번쯤 바람을 피워 볼까
황진이黃眞伊,

먼 산 잔설이 싱그럽다.

중춘한仲春閑 Ⅱ

줄행랑치듯 찾아온 이 산 속에
무엇이 있을까
무엇이 부름 했을까

날 새워 짝을 부르는 멧비둘기, 장끼 울음과
봄으로 가는 여린 햇살.
세월을 말아먹은 열정은 저 한자리
종걸음으로 달려 온 이 산 속에
나는 괜스레 가슴이 시리다.

머나먼 타국, 잊혀져가는 친구에게
편지를 쓴다. 전해지지도 못할 무게로
아련함을 담는다.

앞산 그림자가 고개를 넘는다.
골을 달리던 바람이 쉬어 간다.

양 어깨로 느끼는 한기寒氣
콧등이 찡하다.

텃밭을 갈며

기대하는 것이 있어 좋다. 이즈음엔
발끝에 묻어나는 한기寒氣를
흙에 묻으며

희망을 캐듯

밭을 간다.

세상만사世上萬事, 온갖 사연을 갈아엎으며
고마운 기대로 자리하는
정밀靜謐…

텃밭을 갈며.

종생기 從生記

30년 즈뭇한 세월을 알 속에서,
자고,
더러는 깨어 있었다.

나름대로 눈을 뜨고 있다 했지만
주로 잠들어 있었음이 분명하다.

이제 눈을 부릅뜬들 무슨 광영이 있겠느냐마는
살아있다는 무게만큼은 식량을 축내고 있는데

들풀도 생존의 의미가 치열하다.

우리 삶이 들풀처럼 스러져 가는 것이라 해도
들풀처럼 노래할 수 있다는 것이 잠자는 알 속에서
기지개를 켠다.
그래… 알은 부화하라고 있는 것이
아니었더냐.

벽을 두들겨 껍질을 깨는 세상은
나에게도 너희에게도 있다.

참으로 감사한 생명이다.

누구도 노래할 수 있다.
우리 태초의 노래는 울음이라고 표현되지 않더냐.

사람의 자식으로 태어나
사람의 지아비, 지어미일 우리
껍질을 깨는 세상
밥값만큼은 다른
세상을 엿볼 수 있다.

*즈뭇한 : '~쯤 될까, 넘을까' 의 의미로 사용

조춘早春

들어 봐, 속살거리는 소리
가만히 등성이를 넘으며
땅 속 깊은 은밀함 같은 그것

겨우내 마른 가지를 흔들고
하늘을 손짓하고 가슴을 지나
개울물 소리로, 새소리로 묻어나는

꿈을 꾸나 보다.
귀 기울여 돌아가는
찬란한
어린 날의 꿈.

내 동무한 어깨 위로 일구이는
세월歲月의 산야山野
지나가고 오는 것, 드러나고 숨는 것

아이들아, 너희
비밀한 팔뚝 위로 움터오는
햇살 담는 소리

들
　　어
　　　　봐

여름

기다림

분노憤怒하면서 분노하면서
그래도
사랑으로 남는 것은
아마도
정情 때문이리라

사람으로 사는 도리道理
그만큼
성문城門 밖 세상이
그리워도

울타리를 넘거나 허물거나
저만큼
질주疾走하는 내일

또 하나 기다림의 이름으로
안타까운

새로운 모반謀反의 새벽.

백일제白日祭

떠나온 길, 하얗게 날을 세운들
탄생과 죽음, 눈깜짝이나 하는 세상이더냐
무덤덤하게 흘러가는 거리거리인들
가슴 저린 사연이야 어찌 없겠냐만
산 사람은 넘쳐나듯 살아야지

주섬주섬 봇짐을 챙겨
여기저기 둘러볼 미련 따위도
사는 것들은 어찌됐든 살아가기 마련인 걸

궁리를 다하면 마주칠 날만 남았는데
떠나는 길목
훌쩍 바람을 마련하고
잎새 하나 벗하여 흔들리면 그뿐

너 가는 길, 100일을 지나는 나들이가
구천 길을 하얗게 닦는구나

*백일 : 백일(百日)이 아닌 백일(白日)로 의도적으로 사용.

누더기

불혹의 나이를 살며
지천명에 가까워 오면서
정情이란 것이 누더기인 줄을

이제야,
어렴풋이 알 듯
합니다.

사람을 사는 것이 정情이라 하고
여태껏 달려온 고집도
그것이
누더기라는 것을
이제야
슬며시 알 듯 합니다.

그저 가슴속에만 맴돌며
뱉어 보지 못한
"그렇구나…"라는 말도 이제야
내 말처럼 들리는 듯

혹시 '미혹에 홀린 것은 아닐까?' 하는 의구심도
누덕누덕 기워지는 이 속에
녹아들 듯 합니다.

아직은 모르지요마는
한동안
누더기 한 조각, 또 한 조각 붙이다 보면
걸쳐 입고 나설 날이 오기도
하겠지요.

기다려 볼만도 하겠지요.

선거일選擧日

선거 날
어떤 자者를 뽑을까
어떤 놈만 안 뽑으면 되겠는데
그것이 내겐 매번 어렵다.

말을 않는다 하여 모르는 게 아닌데
삶을 노래한다는 것이
그런대로 치열하여
오늘 하루살이가 노곤한 듯도 하고
그냥 즐거운 듯도 하고
시늉하는데

저이들은 무슨 마술지팡이,
삼신할매 점지하듯
세상이 꼭 저들 말대로 간단다.
믿으란다.

하초를 다 봉해 버릴까
없어도 좋을 것들이 너무도 넘쳐나는 세상.
한 조각 감동을 조금만 맛봐도 될 터인데

어떤 자를 뽑을까
권리를 앞세워 의무인 듯
붓두껍을 들고
한 시절 어이없이
저녁녘 배가 고프다.

세태世態 '98

땅거미
하늘 닿은 곳. 은밀한 요새要塞
어둠의 문을 열고
산을 삼켜 먹고 물을 삼켜 먹고
하늘마저 삼켜버린

당당한 진군進軍

인간사人間事도 그랬으면 싶다.
땅거미
세상사世上事도 그랬으면 싶다.

어둠의 또 다른 얼굴이
안식安息이던가

온통
그랬으면 싶다.

수재 유감水災 有感

그래, 그랬던 거야
누구나 둑을 쌓고 살았던 거야

자연이 베푸는 땅에서
무면허인 문명을 잊었던 거야

그래, 누구나
그랬던 거야

어우러지면 꽃이 되고, 풀이 되고, 나무가 되고
어우러지면 숲이 되고, 강이 되고, 하늘로 가는
간단한 이치로 돌고 도는
그 순한 논리를 눈 감은 거야

비는 그저 물이 되어 흐르고
낮은 곳으로 낮은 곳으로 모여 바다로 넘실거릴 뿐.
수마水魔가 인마人魔인 것을 아랑곳 하지 않을 뿐.

시작 연습詩作 演習

가까운 것부터 시작始作하자.
어려운 조각 맞춤도 아닌데
이것저것 모두가 의미라는데
뜻이 통하는 모든 것이 그대로 길이 있을 터인데

큰 바다를 건너 아주 먼 나라
이방의 사연이면 또 어떠리.
땅덩이 하나에 있는 것
이리저리 다 통하는 것이 순리인데

그래도 가까운 것부터 시작하자
친숙한 나의 몸뚱아리
애달프게 떠나간 사람들
가족과 아내와 자식, 친구와 동료와 이웃,
항상 있어주는 자연의 모든 것.

세상살이
그저 내게만 어려운 것도 아닐 터인데
그저 시작하면 될 것.

의미가 뜻으로 통한다는데.
무엇 어려운 조각 맞춤도 아니라는데.

아내에게

회갑을 바라보는 잔치
고깔모자를 썼다.
피에로의 모습을 닮아
모두들 즐거웠다.

한 시절이 가고 큰 고개를 넘으며 숨차 오르는 것이
이렇게 즐거움일 수 있는 것
세상 바라보기가 자랑처럼은 아니어도
만만히 강물처럼 흐르고 있는 것

묵묵히 옆을 따르는
눈길임을 모르랴.
구멍 난 양말을 깁듯
능숙한 손길임을 모르랴

멀리 머무는 듯해도
이만큼 다가서고
아득히 소리해도
가까이 울리는 세월

그 유장悠長한 세월임을 모르랴.

어떤 일상日常

어중간한 신晨새벽 포도鋪道를 걸으며
두 팔을 벌려 바람을 부르면
겨드랑이 사이로 지나는 흐름
숙취의 하늘

시장 마당을 완보緩步하며
주인들의 카드놀이

그들은 자격이 있다.

이 땅의 민주화를 제 혼자 움키어 쥔 제일 야당과
장사치의 설움이 쉰 몇 장 카드 안에 녹아
그들은 자격이 있다.
화투놀이는 그만
커피 아줌마 챙 긴 모자에 삼팔 광땡으로 꼽아두고
서양카드를 돌린다.

신새벽 시장은 살아있다.
이 땅의 궁벽한 계층의 대변자로
제일 야당은 당당하다.
검소로 포장된 건물만큼 서민을 대변하며 당당히
시퍼런 청춘을 마음대로 도열하고
카드를 돌린다.
남들 자는 시간 어쨌든 깨어있음으로
너무 여유롭다.

분주한 말단 점원과
가득 가득 실려 오는 청과青果
땀 흘리는 그들이 신고辛苦를 털고 호응하며
가지런하다.

어중간한 신새벽
겨드랑이를 빠져나간 바람이
액취 가득
시장은 이미 시장이 아니므로
숙취의 하늘도 여유롭다.

장마

조각난 하늘이 내려 앉아
휘젓고 다니는 산야
참으로 한결같은 태깔이로구나.

이럴 수만 있다면
저렇게 한 빛일 수만 있다면
삿대질 해대는 인간사야 무에 대수랴

떨쳐나간 구멍으로 바람이 일고
물결 후에 풍성함. '여름 하ᄂᆞ니'
고어로 돌아가 짝을 맞추자.

그럴 수만 있다면
진정 그럴 수만 있다면
잡동사니 세상사야 무에 대수랴

계시처럼 비는 내리고 바람이 일고
휘돌아 간다, 휘저어 간다.
참으로 한결같은 태깔
저렇게 한 빛일 수만 있다면

세기의 막바지
신이라도 훔칠 것 같다.

장마를 지나며

세상이 온통 그러합니다.
바람결에도 그러합니다.
이렇게 비 내리는 산가山家의 아침에도
조각난 미련의 덩어리
삶의 양식으로 두런거리는 일상日常이
치열합니다.
치열합니다.

눈물이 날 듯도 합니다마는
시나브로 젖어드는 정情으로 하여
우수는 가슴 저편 장승처럼 세워 둡니다.

글자 맞추기나 할까요.
여기저기 떠다니는 의미들
빈칸을 메꾸다 보면 무슨
대수나 생길는지요.

장마의 뒤끝, 가는 빗줄기
떨어져 나가 앉은 산가의 아침에도
무엇 할 일은 있어야겠네요.

뻐꾸기도 빗속에 울고 있네요.
잎새도 흔들리네요.

해 긴 날

애비의 시작 노트를 몇 장 넘겨
어린 아들은 거리낌 없이 그림을 그린다.

해 긴 날의 오후

만화영화의 주인공인지, 컴퓨터 게임의 등장인물인지
나는 모를 인물을 그린다.

몇 날 아니 몇 달을 마음 조이던
나의 공간을
어린 아들은 거침없이 메꿔 간다.

굼뜨던 펜 끝이 살아 날뛰며
아들의 그림은 정말 만화 같다.

아비가 먼 산만 바라보는 사이
아들은 천연의 얼굴로
자기의 세계를 그려 놓았다.
황홀하기까지 하다.

해 긴 날의
오후

아들의 아무렇지도 않은 반란 앞에
나는 얄밉게도
가슴이 저리다.

헷갈림

받침이 무엇이나, 획이 어찌되나
예전에는 익히 알았을 이런 것들이
헷갈리는 지도地圖

너무나 단순한 철자나 획이
논리보다도 철학보다도
더 어려운 순간들이 잦아진다.

핸드폰을 손에 쥐고 맴을 돌거나
업은 아기 삼년을 찾는다는 옛말을 떠올리지 않아도
나는 보았다. 헤매는 지도地圖
나이가 들수록
원숙보다 더해가는 치매 기氣

어디 단순한 기색뿐이랴
세상을 보는 눈이
너와 나의 세월을 보는 가슴이
혼魂 줄을 놓은 지 오래다.

그래도 그런 기미를 알아채는 건
너와 나의 사랑이 남은 까닭이라고
기氣는 승昇하지만은 않는다고

담장을 넘든 안 넘든
그렇게 잊으며 산다.

홍현백우紅峴百友

우리 생의 그늘도 저만큼
이런저런 삶의 욕망도 저만큼
百友가 白友가 된들 어떠리, 그냥 만만히 바라보면
다 있다, 다 보인다.

벗이여, 세월이 흐른다 뭐라 하지 말라.
그저 조금 앞서고 그저 조금 뒤따를 뿐
그저 그냥 들어 보면
다 들린다, 다 있다.

어느 맑고 청명했던 날에
그 언덕을 지나며 휘날리던
우리 소년의 옷자락

아직도 꿈을 꾼다.
꿈은 그저 꿈이라 해도
꿈이 있어 좋지 않더냐.

언덕을 오르든 내리든
너와 나, 이 한 세상
서로의 기억으로 남아 사는 것
얼마나 편안한 축복이더냐

보거니 듣거니
어깨하며 살아라 한다.
그늘이든 바람이든
어깨하며 살아라 한다.

* 홍현(紅峴) : 이전 경기 중 · 고등학교 자리, 現 정독도서관이 위치한 언덕. 궁궐에 쓰일 화초를 가꿔 멀리서도 붉게 보인다 하여 붙여진 이름.

연우煙雨

이렇게 소리 없는 부름이 있나 싶습니다.
기척도 없이 열리는 계절이
그저 가만하기만한 세상.

적막 너머로 나가 앉은 생명을 건드리고
내 그리움쯤은 세상사 잔물 빛에 잠깁니다.

이렇게 소리 없는 따름이 있나 싶습니다.
아득히 펼쳐가며 울림 하는
속내 깊은 살비듬

태고의 미동

대지를 기웃거리는 은밀한 속삭임
우리 섣부른 갈증쯤은 흔적 없이 젖어갑니다.

안개비
천지에 가득 부동浮動하며
가만가만 일렁이는 손짓

생명을 부릅니다.

입영일야入營一夜

젊은 아들을 두고 돌아오는 길
누군들 모르랴.
이 길이
누구라도 가고 오는 길이란 것을

그러나 하나를 남기고 돌아오는 자들의 자리,
그 하나의 자리
그렇게 썰물 같은 동공이 바닷바람 마냥 나대는 것을

아들아, 벗이여
잠시의 이별이 이리도 저린 양이면
인생은 그래도 살만한 아련함 아닐 겐가

가슴에 그렁그렁 눈물 맺는 어미가
차마 못 대하고 돌아서는 뒷모습으로

입영 일야는 네 머리맡에도 다가서서
긴 팔을 휘저으며 있을 걸

아하, 참 순백純白의 하루,
아하, 참 순백純白의 하루......

가을

가을 가락

가을엔 하늘의 푸르름으로
기우는 계절을 보낼 수 있으면
좋겠다.

포도鋪道 위나 어느 산길, 들판에라도
뒹구는 낙엽, 갈잎 한 자락에라도

묻어나는 추억 한 꼭지
그림자인 양 달려오는
그런 그림에라도
놓여 있으면
좋겠다.

정情을 주었기에 사랑 속에 맴도는
사람아, 세월아.
너희 부르는 소리 "쩡!"하고 맥을 치는데
우리 살아있음으로 해서 아픈 숨결들로
애타는 계절은 영글고,
또 영글고…

마음 깊은 곳 아련히 획을 긋고
노랫가락 하나, 뚫어져라 바라보는
참으로 낯익은
가을 풍경

가을 산

어스름,
가을 산의 어　스　름.

귀기 어린 듯 짙푸른
하늘 하나
가지 사이에 열렸다.

산새가 지나며 울음 운다.
열매 하나 물고 청설모도 달린다.
서투른 욕망 어디
나대일
자리가 없다.

어스름,
바람도 숨죽일

가을 산의 정밀

가을을 위하여

가을걷이가 끝난 밭때기
여기저기
추억처럼 땀방울이 솟았습니다.

날을 세운 그루터기 이건 삶이라 하고
저무는 가을은 저만큼 지켜보며 큰 잔을 듭니다.

이 계절 어느 곳에도 내가 떨굴 눈물 한 방울이
없었음을 이제야 가슴을 쓸어내립니다.

풍성한 가을날들을
꿈꾸었으나
진지하지 못했던 삶으로 하여
흙바람만 허공처럼 퍼져

퍼져갑니다.

가을, 같은 날

같은 날
부러진 팔뚝 추스르며
떠나는 팔을 보았다.

계시啓示처럼 회유回遊하는
친숙한 몸을 보았다.

타는 가을인데
목마름으로 비껴가던 세월아.

꿈은 꿈이 아니라 그냥 꿈이었다.
인생도 인생이 아니라 그냥 인생이었다.

나는 너에게 너는 나에게 얼마만큼의
거짓을 용납했느냐고
가을은 탄다. 거짓말처럼 가을은 타고

이제 우리는 빈 들판에 바람 소리를 듣는다.
오는 것보다 가는 것이 많은 자리

빈손 치고 서성이는
친숙한 그림자들을 보았다.

건강 검진

처음으로 위내시경 검사를 받으며
어이없이 동정을 앗겨 버린 느낌이다.

이물질이 내 내장을 처음으로 쑤셔대는 동안
긴 호흡으로 맞서며 무기력하게 참아내는 것이
내 한 일의 전부다.

내 처녀지를 탐색하는 물건이 휘젓고 다닌 공간에서
허락도 없이 조각을 떼어낸 그들은 참 당당하게
비용을 더 지불하고 그냥 가란다.
후일을 기다리란다.

건강을 위해서라며 번호표를 뽑아 기다려
화폐 몇 장 지불하고 뚜벅거리는 내 모양이 문득
참 낯설다.

나이 탓만은 아닌 듯도 하다마는…

다시 또 그 날이면

– 명경(明鏡)을 묻고…

웃음하면 그냥 웃음이 되고
울음하면 그냥 울음으로 녹아 흐르던
그런
꽃 같은 때가 있었다.
그 시절을 무엇 하며 보냈던가는
너도 알고 나도 안다.

사랑이 낯설기만 하여
향기도 모르고, 향기에 취해 있던
샘처럼 솟아 위로 위로만 지향志向하던
그런
꽃 같은 때가 있었다.

가슴마다 맑은 거울이
그대로의 하늘을 담고, 산야를 담고
명쾌한 바람으로 시원하던 시절

잃었다 하지 마라.
세월을 따라 흐르다 어느 한 곳
번지 없는 곳간을 마련하고
깊숙한 어디 묻어 두었을 게다.

또 세월의 강줄기 흐르고 흘러 만만히
가슴마다 때 낀 거울의 얼룩을 닦으며
더 큰 바다로 나가 흐름 하는 날

다시 또 그 날이면

그런 꽃 같은 때가
있었다...

비 오는 편지

서해 바다 깊은 물이 함께 있어 주겠다.
들물 때는 새들의 날갯짓도 보겠다.
이리 비 오는 날이면 잠든 이를 어루만지는 소리
벗하며 그리워하겠다.

아프지 않은 육신이라 좋겠다.
더 이상 쌓일 회한도 저 너머라 좋겠다.
가슴앓이 훨훨 털어 좋겠다.

고운 이야
나도 그리하면 좋겠다.
세상에 어느 한 끝 미련을 두고
뒤척이지 않는 안주安住이면 좋겠다.

강으로 막아서는 세월이 모이고 모인 바다
파도 소리 들려주어 좋겠다.
밤바다에 비 내리어 스산하면
빗소리, 비가 좋은 아이를 생각하렴.
바람 소리 거센 어둠이면
한 시절 따스한 커피 향을 떠 올리렴.

햇살 같이 부서지던 웃음이
네게로 나가 앉아
그렇게 함께 하였으면

내 마음에도 좋겠다.

비껴가는 날

무엇을 좇아 이리 이바구질 하는지 내가 정녕 모른 줄 아시나요,
똑똑한 당신들 태정태세문단세만 아시나요, 그 이전 태혜정광경성목
그 이전, 그리고 또 그 이전, 또 그 이전의 삶들이 너와 나인 줄은 아시나요.
그 대단한 흐름이 역사란 걸
그 무게에 눌려 그냥
내가 그리 몰라라 이리합니다.

어느 비 온 날 아침, 촉촉이 젖어 있는 세상이 문득 낯설지는 않던가요.
눈으로 하얗게 덮인 포도 위에 찍히는 발자국을 문신인 양 새겨보진 않았던가요.
예전부터 있던 것이 이리 비껴가는데
내일은, 그리고 또 내일은
누구의 명命줄을 타고 흐를까요.
당신들 대단한 열정으로
나는 그리 몰라라 이리 합니다.

가다가 어디든 서면 보일듯 하지는 않던가요.
폭포수 곤두박질치는 물줄기 정신없이 달려나가
너무 숨찬 호흡은 아니던가요.

그래도 우리 사는 찰나刹那 찰나가
아랫녘으론 만만히 흐릅디다.

이 산하 야트막한 자락
옹기종기 모여 앉은 풍경이
그저 그런 그림인 듯, 개꿈 꾸듯 꿈결인 듯

비껴만 가는 나날.
그날들을 나 몰라라 이리 합니다.

아우에게

8월이 휴식休息하는 자리에
아우는 남았다.

생명으로 행진行進하는 계절인데
서늘한 강줄기 멀리 두고
굽이굽이 산을 돌아 새소리 벗하려 있다.
바람과 벗하려 있다.

세월이 가면 사랑이란 이름을 대신할
무슨 들꽃이라도 필 게다.
그 향기에 알맞은 풀잎, 풀잎, 풀잎
8월엔 존재를 위하여
노래할 게다.

아우야, 네가 지나간 자국
술 한 잔에도 떨려오는 가슴인데
시선이 닫는 곳마다 그늘을 드리우고

불혹不惑의 세상을 미련未練하여
너 홀로 성장을 가늠하는 꿈 자락
그 세월이 이리도 간절하여

계절조차 휴식하며 가는구나
더불어 애태우며 남는구나.

낙하落下

아침 햇살 낮게 드리우며
가라앉는
계절의 하순(下旬)

또 한 사랑이
고개를 접는다.

한 세월을 나가 앉아
성숙에 기대 온 열기가

빛 바라며

한 날개씩 한 날개씩 내리는
참 정밀한 살 떨림

시간의 문장紋章이다.

일주기逸走記

– 뫼비우스를 기리며

달리거나,
그냥 걷거나
만만히 머물다 갈듯 말듯 하거나

가는 길을 가는 건
매한가지다.

어느 날
하늘을 보거나
도시의 어느 모퉁이에서
삶에 겨운 토악질을 하거나
사는 건 다 마찬가지
호랑이 껍질로 남는다.

어차피 만들어진 논리를
뭐라 말하지 않아도 한 세상은
충분히 제 갈 길에 있을 것.
그게 요즘 살아가는 이치理致다.

저만큼 떨어져서 나를 보거나
아님 신의 세계를 훔치거나
그냥 제자리에 있을 것은 다 있다.

눈을 크게 뜨고 짓무른 노안老眼이라도 그냥 크게 뜨고
안 되는 귀라면 후벼 파고 또 파고
원래 가진 자리로 그냥 있어보면 안 되나...

날이 저물고 또 얼마만큼 해도 뜨고 바람도 불고
바다는 바다대로, 너희, 아니 우리는 우리대로
그냥 나부댈 텐데,

부질없이 경계를 넘나드는
다른 세상을 향한 질주疾走
일주逸走.
뫼비우스의 띠.

초상肖像 I

바람 부는 날은
서성이는 소년의 얼굴이다.

미동도 하지 않는 일상과
불현듯 날아와 꽂히는 꿈의 화살
아린 자리마다 고이는
생명을.

바람 부는 날
바람에 실려
미련도 연민도 뉘우침도 아니게
훠어이
갈 수 있을까

오가다 만나는 사람과 사람 사이
인간人間,
빛의 그늘 아른대는 물무늬 세상인데
소년아, 향방向方없는 바람아,
더불어 할 수
있을까

번쩍이는 태양과 만나는 숲과 숲 사이
용솟음치는 파도, 파도 사이 어느 곳
살을 대는 너희의 깊은 숨소리.

비어 있을 너의 벌판
맨가슴으로 곤두박질치는
남은 그리움을 위하여
소년아, 소년아
차라리 한 구석 장승이 되어 맞서랴.

바람 부는 날, 미친 바람에 실린
우리의
가난한 초상.

초상肖像 Ⅱ

해거름이면 달려가 보는
저 남쪽 바다.

내 소년의 옷자락이 날리고
바람 사이로 빗장을 푸는 기억記憶과
일상日常의 호흡.

가지런히 간직할 마련도
물살에 밀리어
고개를 넘어

해당화 붉은 선혈鮮血로
물드는 하늘.

고운 이야

해초처럼 자라는 그리움일랑
그저
접어 둔다고
살렴.

도시로 나가 앉은 창窓마다
가슴 뚫린
피안彼岸의 초상.

흐르는 별

네 가슴의 강을 흐르는 별에는
고향의 산자락 하나, 젖내 나는 남매와
여명의 새벽, 그 그럴듯한 공기가 빛난다.

아침을 밟으며
깨어나는 것들을 가슴 한쪽에 묻고, 묻고, 또 묻고
삶은 버거운 것이라
잠이라도 청하는 기도.

침묵하며 흘러 사라지는 세월을 꿈꾼다.
반짝이며 흘러 침잠하는 별빛을 담는다.

그래도 앓는 가슴은 산자락을 감아 도는 고향 바다로
잊은 듯 만 듯 내리는 별빛 강물 두런거리며
더불어 가는 소리, 소리로 산다.

내가 없어도

흐르는 별이다.

풍경風景

강江을 사이에 두고
내가 마주하는 것은
채색하듯 타 내리는 건너 산의 가을 풍경이 아니다.

산마루로 기우는 햇살과 골짜기를 타고 깔리는
어스름
점을 찍듯 다가서는
어둠의
　　　　저
　　　　　편.

네가 안주(安住)한 곳에
전하지 못하는 안타까움이다.

손에 잡힐 듯 눈망울이 선한 사람아

흘러가는 물살에도 흐르지 못하는 사연으로 하여
모진 바람에 실려 멋대로 나부끼는
내 소년少年의
옷자락

광기 어린 세월에 밀리고
날아가 버린
강江의
　　　　저
　　　　　편.

노을이 탄다.
미치도록 가을이 탄다.

말들을 위하여

언제까지 순화의 모습으로 있어야 하나
햇살도 짧은 숨을 토해내는
단명短命의 가을

얼마만큼 길들어 있으면
어지러운 의식의 일상日常을, 이 치기稚氣를
한 숨 한 숨 밟아 갈까

그냥 걸어 놓은 어느 서양 계집의 노래와
보름으로 가는 달

언제쯤이면 이런 시간들이 내 말처럼 녹아 갈는지
나는 모른다.

산이 앓고, 매양 오는 감기처럼
산은 앓고, 불붙는다.

아름다움, 혹은 호젓함, 그 뒤에 오는 것
'그러나' 라고 말하나 '그래도' 남는 그 것.

'말' 은 '말' 을 위한 잔치일 뿐이다.

어느 만큼은 친숙해지기길 바라는
말들을 위하여.

겨울

곁가지를 치며

곁에 앉아 세상 이야기를 들으면
나도 그 세상을 사는 듯하다.
좋든 싫든, 내가 알든 모르든 다
열심인 세상 이야기인데
어느 날 문득 나 아닌 이야기가 나일 듯도 하고
내가 자리한 궤적이 그럴듯하게 맴을 돈다.

그런 걸 나도 알고 너희도 알 것인데
멋진 세상을 꿈꾸며 정말 멋들어지게
몇 번 쯤은 잔을 비운다.

그래서 살아 있는 것도 아닌데
돌아서는 자리 또 남은 궤적을 추스르며
얼마나, 무엇을, 노래하는 지
노래하는 모두도 모르는 게 분명하다.

문득 비껴가는 너와 나, 모두
하루하루 언젠가는 돌아갈 수밖에 없다는 것만큼
허허로운데

내가 사는 세상은 또
생각만큼 대수로운 것도 아니다.

곁에 서서
그저 열심히 곁가지나 치면서.

어느 날
진정으로 자리할 한 자리는
마련되어 있음을 알아 가면서.

고개를 넘으며, 벗이여

돌아보는 것이 부질없다 해도
돌아봄 직한 때다.

펼쳐지는 저 고개 아래 풍경이
낯설지 않아 숨 고르며 달려봄 직해도
벗이여, 돌아보는 여유만큼은 애틋할 게다.

저 아래 양양한 흐름을 구태여 땀 흘리지 않아도
고개를 돌리면 그 도도한 몸비듬 소리, 느끼며 온다.

고개를 넘으며, 벗이여.

미련 둘 것이 없어 너, 우리 영혼이 홀가분하다 해도
자유로움의 노래 가락 한 꼭지라도
풀어봄 직한 때다.

'어쩔 수 없다' 셀 수 없이 꼬여진 매듭을
어느 세월에 담아내랴마는 그래도 벗이여,
이런저런 얼굴에 남기는 표정이
어이해 없겠느냐

실타래를 풀듯이

고개를 넘으며

돌아보는 것이 부질없다 해도
돌아봄 직한 때다.

꽃샘 추위

시새움이 이리 아플 양이면
피우고 떨어지는 일이
어디 예삿일이랴.

서서히 맴을 돌아
세월을 깨워
네가 간 길 섭리처럼 생명으로
덮음 하겠다.

건방진 시간이야 다 네 것인데
앞산 그리메가 하냥
고운 걸

잃어버리는 계절이
사람이란 것을

기미가 있다
낚아챈들

백년도 모른다.

시작유감詩作有感

그저 일상을 살다가 문득
글이 쓰고 싶고, 그래서
쓰여지는 시詩라면 얼마나 좋을까

산허리를 서성이는 겨울날의 어스름, 서산머리에
걸린 낮달과, 오가는 바람. 그런 것이 그냥
노래로 화음하면 얼마나 좋을까

그저 그려지는 그림처럼
자연처럼 그야말로 자연스럽고

너와 나 그저 일상日常처럼
그것이 일상이라면
얼마나
좋을까

넥타이를 매고

넥타이를 매고, 올해 같이 미친 계절
밀려가는 밤은 거리든 사람이든
모양새만으로도 그냥 아프다.

내가 참던 신음을 내면 너는 울겠지
그러나 말이다, 내일은
내일의 새벽이 온다. 그래야 산다.

바람에 날리는 넥타이, 목매는
줄에 목을 감는 역리가
순리가 된 지 오래다.

목덜미를 낚아
진저리치는 서슬이 도전이라도 되듯
지엄한 존재의 발가락 사이
광풍 사이로 어른거리는 그림자를
나누어 가진다. 너와 나.

올해 같이 널뛰는 계절
순응하는 불평을 또 한수 배우고

주변만큼이나 어긋나
빼뚜름한 넥타이핀을 저미고

어찌해 눈에 드는
가로수 그늘 가지
나누어 가진 그림자로 자지러진다.

기가 막히게 절묘한 계절이다.
될 수 있는 한 한껏 단호하게
넥타이를 매고...

불알

불알은 불알이다
할애비는 할애비다
할애비의 불알이
대세라는 역사를 좀 거스른다 하여
너희 비난할 게냐

내가 보려 하는 세상이 아직도
아득한데

어느 길로 간다 하는지
난 그냥 ‘모든 길은 로마로 통한다.’ 사기다.
안쓰러운 시늉을 하면서
너 역시 그리 아픔하면서

잘 갔나... 불알.
참 덧없이 간직하고 내던진 불알이여

씨앗은 대지 위에
뿌려지는 게 아니라 원래 박히는 것이기에

착각 하지 마라.

할애비여!
우리가 꿈꾸는 세상

한 세기쯤
고추 먹고 맴돌아, 돌아
남는 날을 기린다.

사랑의 이름으로

사랑을 위하여
봄을 알리는 새 울음도 마련치 마라
아직은

내 젊은 날의 꿈과 나부끼던 옷자락
나의 사랑을 위하여
따사로운 햇살도 나리지 마라
아직은

바람결에 실려 가더라도 그렇다.
어느 물살에 얹혀 가더라도 그렇다.
우리만의 생명이 아니라도 그렇다.

사랑을 위하여
아직은
별빛도 달빛도 드러내지 마라

오래인 그리움의 이름으로
그 오래인 회한의 비듬살로
오직
간절한 소망만이 여울져 여울져
태고처럼 숨을 몰아 내고 들이켜고

사랑의 이름으로
사랑을 위하여

사랑하는 이에게

나는 당신의 곁에 남아 당신을 바라봅니다.
사랑하는 날들이 다하고
내 곁에 남은 날들이 외로운 바람뿐이라 해도
어찌하겠습니까

이어진 시간들이 돌아와 가슴에
소용돌이치는 순간 순간이
어쩌면 어린 날 같이 아름답기만 한 것을
낸들 어찌하겠습니까

이리이리 하면 무엇이 이끌어
어디 어디 좋은 곳으로
우릴 안주시키렵니까

그리 마는 것이 세상사는 이야기인 걸
눈치 채 버린 시간들을
뉘에게 속살거릴 겝니까

얼마나 얼마나 긴 세월을 또 그리하렵니까

나는 당신의 곁에 남아 당신을 바라봅니다.
사랑하는 날들이 다하고
내 곁에 남은 날들이 그저 덧없이 그리움뿐이라 해도
이를 어찌하겠습니까
어찌하겠습니까

서해바다

빛바랜 물살들이 부비고 산다.
두 볼의 이랑같이 그저 그런 사연
사연으로 산다.

둔탁한 물빛, 그러나
그마만한 풀기로 소리하는
그런 바다를 건지며.

서西으로 가자
날마다 기울기만 하는 해
그래서 설움이 온다면
또한 서西으로 가자.

가장 늦게 해 지는 땅의
노을 진 얼굴들이
저물어 가는 바다와 어찌 화음和音하는가

스스러움도 비릿한 아픔도 모두
정겨움에서 오는 것을

어쩌란 말이냐
어쩌란 말이냐

서해바다
그 속 깊은 곳
낯익은 풍경처럼 흐르다.

어느 날, 어느 카페

내가 수줍게 꿈이라고 말하면
참으로 당당하게
역사와 세상의 프라그마티즘(pragmatism)과
잘난 논리가 되돌아온다.

내가 힘이 없어, 그 흔한 안티(Anti)도 없어
너무도 무섭게 세상이 세월과 함께 간다.

인간이 만드는 세상이 거짓인 줄은 진작 내 청춘이 알았다.
100년도 못 사는 인생만큼 거짓인 것이 어디 있더냐.
너나 나나 똑같다.
잘 나나 못 나나 똑같다.
미치거나 절룩이거나 똑같다.

네가 창녀든, 내가 창남이든
똑같다.

아픔이 아픔으로 요람에서 무덤 끝까지 각인刻印해도
똑같다.

멍청한 사랑을 해도 정을 쌓아라.
개떡같이 미운 아리디 아린 시간 어드메쯤에도
우리가 머물고 싶은 어느 찰나가 몇 십 번은 있었다.

그게 100년도 못 사는 보람이라 하여
억울할 것도
없다.

시나브로 어긋나는 창과 창 사이
어찌 하면 내 얼굴에서
어찌 살면 네 얼굴에서
얼굴과 얼굴이 겹치는 감동을 보랴

당당한 너와 나의 꿈

꿈은 자유롭다.

살맛나는 세상이다.
정말…

이 땅의 사람들아

이 땅은 내 아버지의 아버지, 그리고 또 내 아버지의 아버지....
내 어머니의, 어머니, 그리고, 어머니, 어머니, 또, 아버지, 어머니....
그리 살던 터전일텐데,
요즘은 애비나 어미나, 새끼나, 자식이나. 계집이나, 사내나,
다 자기 주머니 동전쯤으로 산다.

이기는 게 그리 좋은지, 뭉개며 빚어가는 세월이
100년도 못 가 땅으로 돌아 갈 거라는 걸, 1000년은 살 듯이 산다.

이 땅과 하늘이 아니어도 좋다.
등대지 않으면 못 견디는 하루가 온다는 단순한 논리를
온 땅의 민주주의는 모른다. 못된 개인주의가, 개 같은 합리주의가, 실존의 탈을 쓰고
웃음도 정도 갉아먹고, 이 땅에 진정한 누더기마저 갉아먹고...

어미여! 애비여!
모두 다 소리치는 세상
놀부 형이 형님이라는데

그래도 사는 물색없는 민초들만이
모른다, 모른다, 알 필요가 없다.
중용 따위는 먼 세상이라도 아직은
풀이 되고, 숲이 되고, 계절 따라 흐르고, 강으로 가고, 바다로 간다.

그래서 아름다운 줄 눈감아 가는 세태, 이 땅의 신생들은 즐기는 게 우선인데
이 땅은 내 아버지의 아버지, 내 어머니의 어머니, 그리 살던 터전 위에 너나 내나
그냥 던져져 잠깐 머물다 가는 순리인데
남은 생은 그래도 사랑의 이름으로 남을 건가,
다들 이 땅의 민초임을 믿으랴.

온 세상에 감격 같은 무엇을 기대하랴.

남해 금산에 오르면, 때까치가 무리 져 날아오르면, 그 벅찬 일출과 석양을 보면
1000년을 살 것 같은 욕망이 한 100년쯤 잦아질까나…

좀 낫겠다.
100년은 꿈꾸지도 않는

어버이, 어버이.
어버이………….

감격도 없는 세월아…
너 어디에 있노.

입춘立春 '02

박새 한 마리 여린 부리에
다사로움이 묻어 있다.

밭뙈기를 태우는 매캐한 들녘
세월은 그런 것이거니

밀려드는 오수午睡
아픔만큼 성숙해 진다는 그 무엇이
나에게 있었던가.

추위는 추위대로 남고
봄을 기다리는

못난 입춘서立春書.

입춘立春 ’10

세상이 인간人間으로
좌우가 갈려도
꿈은 제 갈 길로 나부댄다.

혹독한 추위
일깨우는 섭리가
오는 봄, 비처럼 촉촉하다.

어떤 기미가 보이는가는
다 제 몫인데

삶의 한가운데 자리 잡는
웅성거림
내가
그냥 쓸쓸하다.

그것뿐이다.

입춘대길立春大吉 가슴 속의 문구文句를
써 본 적도 없으나
내로라 나대는 어느 곳 보지도 못하겠다.

말로만 가는 오늘날의
그냥 그렇게
아련한

입춘서立春書.

자야에게 Ⅲ

계절이 자꾸 바뀌고
해가 가도
이렇게 변하지 않는 흔적으로 마냥 있구나.

어쩌면 저린 가슴을 보듬어
네 가는 길
꽃잎으로 피워 보낼 수 있겠나

먼 산모롱이 하늘가
구름 뭉게 거리듯
그리 머물다
네 아득한 이름으로 이제는 멀고 먼데

곳곳을 후벼 파는 자취가
향내 마냥 묻어나는구나.
가슴으로 적셔 내는구나.

환절기

좋기만 한 계절이 어디 있으랴
좋기만 하면 그것이 어디 좋은 것이랴

시계바늘은 똑딱이고 바람이
건너 대륙을 지나 왔다.

내가 맞이했던 그 놈이 아니다.
세련되고 좀 더 우아하게
거리를 누빈다.

나도 문득 닮고 싶다.
이국적 경이로움은
감격으로 남을 수도 있지 않느냐

콧물을 훌쩍이며 기침을 콜록이며
촌티를 내며 기를 쓴다.

기성복을 잘 차려입은 일상이
저만치서 한심스레 손짓하고 있다.

풀씨 이야기

– 성북동에서

곳곳에 잠복한 바람이 불고 있었다.
하늘에 기대어, 웃음소리에 기대어,
혹은 나지막한 나의 어깨에 기대어
너의 미미한 한숨에도 바람은
불고,
그리고 떠간다.

그리움도 기다림으로 날아올라
낯이 설거나 익거나

피안의 저 쪽
바람과 동무한 세상은 그럴듯한데

꿈을 꾸는 너희는 아름답다.

언제든 싹은 트고 자라고
흔들림조차가 황홀한 계절

성북동 고갯마루
바람 일렁이는 산야로
수많은 풀씨들이 날아올라
무성한

세월의 벌판에 내리는 꽃말로
미명의 새벽을 달리는 햇살로 가라.

아버지를 여의고

한 세상 태어나 사는 것이 느닷없는 일인 줄은
메마른 땅 위에 풀잎 돋듯이
기미하며 알 듯하다 여겼지마는

세상 뜨는 하루는 참으로 느닷없이
먼 산 큰 봉우리 세월을 어깨하고
가슴을 누릅니다.

당신하신 치매의 어머님이
말을 잃고 바라보는 어딘가에
족적으로 남기신 안타까움이 있던가요
온통 짐을 싸서 던져두고 훌훌히
어느 길로 나시려나요.

뒷짐 지고 완보하며
참 기막힌 세대 애잔한 시절을
혀 한 번 끌끌 차고
뒷모습으로 남으시나요.

끓는 숨소리로 이어가신 속 깊은 눈빛이
귓가를 맴돌아 가슴을 치고
녹지 못할 앙금으로
쌓이고 쌓입니다.

정지용 시집 『계절의 초상肖像』에 부쳐

류 양 선 평론가
카톨릭대학교 국어국문학과교수

정지용 시인은 나의 죽마고우竹馬故友다.

고등학교 시절, 우리는 문학 소년으로 만나 꿈을 키웠다. 그리고 청년 시절, 치기 어린 문학도로 우정을 쌓았다. 그 사이 격조隔阻했던 시간도 있었지만, 한 세월 건너 우리는 다시 만났다. 만나 보니, 변한 것이 아무것도 없었다. 세월은 흘렀어도, 소년 시절의 꿈은 오히려 빛나고 있었다. 계절에 부대껴, '시간의 문장紋章'(「낙하落下」)이 찍힌 채로……

이렇게 써 놓고 보니, 이건 그대로 정지용의 시집 『계절의 초상肖像』에 대한 이야기다. 시인이 말하는 '계절季節' 이란 곧 '세월歲月' 을 뜻함이 아니던가? "돌아보는 것이 부질없다 해도 / 돌아봄직한 때"(「고개를 넘으며, 벗이여」)에 풀어 펼친 마음의 풍경, 이것이 정지용의 시집 『계절의 초상肖像』인 것이다. 그러고 보니 이 시집에는 '세월' 이라는 시어가 유난히 자주 나온다. '꿈' 이라는 시어도, '정情' 이라는 시어도 마찬가지다. 이 시집에 실린 정지용의 시편들은 '꿈' 을 잃지 않고 '정' 을 쌓아온 '세월' 의 흐름 속에서 저절로 익어간 언어들이다.

정지용은 가까운 것들, 친숙한 것들, 일상적인 것들에서 소재를 구한다. 그러나 거기 얽매여 머물지는 않는다. 짐짓 '누더기' 에 비유된 '정情' 을 "한 조각, 또 한 조각"(「누더기」) 이어서 걸쳐 입고, "툭툭 털고 / 떠나보"고 "돌아보며 / 또 떠나"는(「산다는 건」) 것이다. 이 시집의 기본 정조情調는 이처럼 집착하지 않는 삶의 행로行路에서 우러나온다. 세상을 보는 시선은 여유롭고, 시문詩文의 흐름은 유장悠長하다. 정지용의 시가 이런 장처長處를 갖는 것은, '꽃 같은 때' 를 '번지 없는 곳간' (「다시 또 그날이면 – 명경明鏡을 묻고 –」)에 묻어두고, 묻어둔 그것을 찾아 새로운 길을 떠나기 때문인 것이다.

미상불연未嘗不然, 시인은 "바람 부는 날은 / 서성이는 소년의 얼굴"(「초상肖像」)이라고 노래한다. 세월을 건너서도 남아 있는 그리움 때문에, 시인은 이 척박瘠薄한 시대에 안주하지 못하는 것이다. 시인이란 게 원래 그런 사람, 먼 과거나 먼 미래에서 이 시대로 유배流配된 사람인지도 모른다. 그래서 시인은 늘 "목매는 / 줄에 목을 감는 역리가 / 순리가 된 지"(「넥타이를 매고」) 오랜 이 세상을 벗어나, "어우러지면 꽃이 되고, 풀이 되고, 나무가 되고 / 어우러지면 숲이 되고 / 강이 되고 / 하늘로 가는"(「수재유감水災有感」) 순리를 따라 길을 떠나는 것이리라.

때로는 "빛바랜 물살들이 부비고 사는"(「서해바다」) 서쪽 바다로, 때로는 "해초처럼 자라는 그리움"(「초상肖像 Ⅱ」)을 향해 남쪽 바다로 시인은 떠난다. 내가 이 발문跋文을 쓰고 있는 오늘도, 시인은 벌써 서울을 떠나 무진장(무주, 진안, 장수)을 거쳐서, 고산孤山의 정취情趣가 어려 있는 남해의 보길도로 향하고 있을 게다. 시인은 내게 동행同行할 것을 권했으나, 나는 자잘한 세사世事에 묶여 같이 떠나지 못하였다. 시인은 지금쯤 어느 한적한 바닷가에서 세월 너머 피안彼岸을 바라보고 있을런가? 지용아, 바야흐로 "백우百友가 백우白友가 되는"(「홍현백우紅峴百友」) 그런 계절이다. 첫 시집 출간을 축하하고 또 축하한다!

그리움과 견딤

최 시 한

숙명여자대학교 한국어문학부 교수

예술의 범주에 드는 것들의 특징 가운데 하나는 사람의 정서와 밀접한 관계가 있다는 점이다. 예술은 정서를 표현하고 또 순화한다. 정서는 이성과 대조되는 감성의 영역이라 가볍게 취급되기도 하고 대개 수시로 변하기에 무시되기도 하지만, 그것이 존재하는 마음의 지도는 아무도 전체를 그려내지 못하였다. 아이큐라 불리는 지성적 지능과 함께 '감성적 지능'이라는 말이 있을 정도로 정서적 능력도 인간의 중요한 능력이다. 느끼지 못하면 생각도 모자라게 되는 까닭이다.

마음은 내면에 존재하는 추상적인 것이요 감성이나 정서 또한 마음 세상의 구름 같은 것이므로, 직접 다루고 드러내기 어렵다. 예술 가운데 시는 상대적으로 마음의 풍경과 움직임을 가장 구체적으로 그려내는 갈래라고 할 수 있다. 음악도 있고 미술도 있으나, 언어라는 정교한 도구로 삶의 세부와 시간적 변화를 담아내는 시만큼 구체적이지는 못하다고 본다. 이런 생각이 일리 있다면, 시가 그려내는 마음의 풍경과 정서의 리듬에 다가가는 방법 가운데 하나는, 거기에 어떤 말 혹은 사물들이 중요하게 쓰이며, 그것이 어떤 정서를 두드러지게 표현하는가에 주목하는 일일 터이다.

정지용의 시에 매우 자주 쓰이는 말 가운데 하나가 "세월"이다. 그와 비슷하게 사용되는 "시간"까지 더하면, 지배적인 정서의 세계로 들어서는 열쇠가 바로 그 말들이라고 할 수 있다.

> 봄이 오락가락 세월은 북망을 달리는데
> 기막힌 가슴을 터뜨리어 온 산야에 흩날리려니
>
> 선홍의 진달래 떨고 있고나
> 몽우리 진 목련도 숨는구나
>
> －「봄, 바람 부는 날에」에서

> 어디 그런 세월이 있으려 하려니
> 시절이 한창인데 어느 산야(山野)에, 어느 바다에 그런
> 그림이라도 그리겠나. 그러나 사람아,
> 보이는 것만이 세상이 아니다. 우리 지녀가는 시간이
> 한 세상 이어지는 길 뿐만이 아닌 것을 어찌 할 게냐
>
> －「비 내리는 달력」에서

세월의 강을 끼고 돌아
산야를 가르고
흐르고 흘러도

결국 도달하는 것은

암암(暗暗)한 해연(海淵)으로 부동(浮動)하는

꿈같은 교신(交信)

잿더미라도 안고 소리하는
순백(純白)의 바다

–「낯선 통신」에서

아침을 밟으며
깨어나는 것들을 가슴 한쪽에 묻고, 묻고, 또 묻고
삶은 버거운 것이라
잠이라도 청하는 기도.

침묵하며 흘러 사라지는 세월을 꿈꾼다.
반짝이며 흘러 침잠하는 별빛을 담는다.

–「흐르는 별」에서

계절별로 시를 묶은 시집 목차에서 엿볼 수 있듯이, 아니 '계절의 초상'이라는 시집 제목에서 알 수 있듯이, 시인은 계절에 민감하다. 계절과 환경의 변화에 예민한 주체의 반응은 이렇게 흔히 "세월"과 연관되어 있다. 세월이라는 말 자체에 함축되어 있는 것처럼, 그것은 시간 자체보다 그 속에서 흘러가버린 것들, 가령 세상을 뜬 사람, 사라진 풍경, 상실한 꿈 등의 세계 곧 과거에 초점이 놓여 있다.

과거는 현재의 어머니요 자식이다. 과거는 현재를 낳았지만 현재 때문에 존재하고 현재에 의해 규정되므로, 둘은 둘이면서 하나이다. 앞의 인용에 나타나 있듯이, "세월"에 쓸려간 과거에 대한 주체의 정서는 그리움과 회한이 지배적인데, 그것은 현재에 대한 부정적 태도와 짝하고 있다. 현재에 대한 회의적 심정이 세월을 자꾸 되돌아보게 하는 셈이다.

그러나 정지용 시에서 그 현재가 어떤 현재인지, 왜 주체가 부정적이고 회의적인 태도를 지니고 있는지는 잘 붙잡히지 않는다. 현실을 비판하고 견디려는 담화 속에서 간접적으로 짐작할 수 있을 따름이다.

> 그저 거리를 걷거나 멍하니 흥미를 긁어대는 드라마나 보거나
> 오로지 건강을 외치며 산을 넘고 강을 달리거나
> 어디든 경제를 위하여 종일을 자본주의 하거나
> 게임을 하듯 정치판에 바둑돌을 옮기거나
>
> 그래 그것뿐이다
>
> 너 어디에 있었더냐
> 의미 없는 날들아
>
> 결국은 그럴 것이란 걸
> 너도 알고 나도 안다
>
> —「의미 없는 날」에서

> 그냥 그리해서
> 그리합니다.
>
> 언젠가는 우리 떠날 그 자리에도
> 요마만큼의 흔적이라도
> 남을까요
> 그걸 바라 하는 것도 아니지요마는
>
> 어찌 못할 안타까움이
> 꽃망울처럼 달립니다.

바람에 실려 맴을 돕니다.

—「기억」에서

가다보면 세월의 어드메쯤
마음 담을 사연 한 꼭지라도 이루겠고
그것이 '복이다' 하고 살아 볼 수도 있지 않겠나
그런 행운이 누구에겐들 없겠느냐
부질없는 허명에 마음 끓이며
내 저 들판으로 나앉은들
무어 그리 대단한 광영이 있어
저를 맞이하겠나.

—「자야에게」에서

정지용의 시에서 현실은 낭만적이지 않다. 진부하고 무의미하며 온갖 행위를 부질없게 만드는 경향이 있다. 이런 현실에 대해 별 기대를 하지 않는 화자의 모습이 때로 체념적이기까지 하다. 하지만 그는 이 회색빛 현실을 어떻게든 긍정하고 견디려 한다. 그것은 인간으로서의 "정"과, "누더기"가 되더라도 끝내 받아들이고 견디려는 태도를 중요시하기 때문이다.

분노(憤怒)하면서 분노하면서
그래도
사랑으로 남는 것은
아마도
정(情) 때문이리라

—「기다림」에서

눈물이 날 듯도 합니다마는
시나브로 젖어드는 정(情)으로 하여
우수는 가슴 저 편 장승처럼 세워 둡니다.

—「장마를 지나며」에서

사람을 사는 것이 정(情)이라 하고

여태껏 달려온 고집도
그것이
누더기라는 것을
이제야
슬며시 알 듯 합니다.

―「누더기」에서

정지용의 시는 수사修辭를 배제하고 정서를 직접적으로 드러내는 편이다. 말을 만들어 쓰려는 경향이 없지 않지만, 그만큼 솔직 담백한 셈이다. 제재도 일상에서 흔히 볼 수 있는 것들이 많아서, 비교적 복잡한 미로를 거치지 않고도 해석이 이루어진다. 「시작 연습」, 「시작 유감」 같은 작품에 나타나 있듯이 이는 의도적인 것으로, 시인이 단지 시를 짓는다기보다 시를 짓는 그 행위를 통해 삶을 받아들이고 견디기에 힘쓴 결과로 여겨진다.

하지만 다음 시처럼 전통적인 서정적 비유를 살린 작품도 드물지 않다.

피안의 저쪽
바람과 동무한 세상은 그럴듯한데

꿈을 꾸는 너희는 아름답다.

언제든 싹은 트고 자라고
흔들림조차가 황홀한 계절

성북동 고갯마루
바람 일렁이는 산야로
수많은 풀씨들이 날아올라
무성한

세월의 벌판에 내리는 꽃말로
미명의 새벽을 달리는 햇살로 가라.

―「풀씨 이야기」에서

필자는 고등학교 시절부터 정지용과 친구 사이로 지내왔다. 그를 잘 알기에, 수사를 즐기지 않는 그의 시가 참으로 그답다는 생각을 하면서도, 어쩐지 이런 작품에 더 마음이 간다. 교과서적인 시에 길들여진 까닭일 것이다. 과연 그렇다면, 정지용이 추구한 시는 덜 교과서적인 셈이 된다. 수십 년 동안 교단에서 국어 교과서와 더불어 살아온 그의 시가 덜 교과서적이다?

여기서 필자는 이제까지의 독서가 적절한 것이었는지 의문을 갖게 된다. 정지용의 시적 추구가 확연해질 다음 작업이 기다려진다.

후기

Ⅰ.

내 글에 대해 아무 말도 없었으면 좋겠다.

그냥 일기처럼 이런 인생도 있구나하고 흘려버려도 좋겠다. 나에게 필요한건 그저 '떠나갈 때까지' 그것뿐이다.

내가 누구에게 진정으로 강요한 일이 없음으로 내가 누구에게 기댈 이유를 진정으로 바래 볼 여유를 소유하지 못했으므로, 그러나 나는 이 땅, 저 땅에 정情을 믿는다. 종교를 떠나 인간의 한시적이나 끈질긴 믿음을, 막무가내의 순교적 일상이 역사임을 믿는다.

그리 살 것이고, 그리 살 수 밖에 없지 않은가...

어느 날 떠나야 할 때가 오면 그 날의 의식이 온 천지에 가득한 대령大靈, 신이란 존재와 마주치기를 바랄 뿐이다.

내가 어느 티끌로 남을 흔적이라도 있으면 좋겠으나 그것조차도 내 의지 밖에 있다.

인간이 구축한 모든 신 바깥에 내가 100년만 훔친다.

즐거운 천형天刑이다. 즐거울 수 있다.

티끌을 꿈꾸므로.....

Ⅱ.

이 시편들은 내 시작詩作 중 최근 20년의 글들을 년도별로 몇 편씩 발췌한 것이다.

일기장과 같은 글줄이라 몇 편을 제외하고는 수정 없이 엮어 냈으므로 다소 치기어린 글줄도 있으리라.

그러나 그것 역시 내 삶의 편린이라 다른 해석을 달고 싶지 않다. 내겐 의미가 있어, 작품마다 창작 년 월까지는 밝히려 했으나 나를 떠난 작품들은 이제 모두의 몫이므로 생략하기로 했다.

묵묵히 나를 지켜봐 준
내가 기리는 모든 이들, 모든 것들에 감사하며...
이어 질 시편들을 나도 또한 기대하며...

2012년 11월
호한皓瀚 정지용鄭址瑢

Jung Ji Yong

다시올시인선 008
계절의 초상

초판인쇄 2012년 11월 23일
초판발행 2012년 11월 30일

지은이 | 정지용
발행인 | 김영은
편집장 | 박지혜
펴낸곳 | 다시올
출판등록 | 제 310-2007-00028

우편 | 139-050
주소 | 서울 노원구 월계동 382-55(중앙빌 2동 1호)
전화 | 070-7431-5941
팩스 | 031-855-5941
메일 | maxim3515@naver.com

ISBN 978-89-94414-29-4 03810

정가 9,000원

*파본은 본사나 구입하신 서점에서 교환해 드립니다.